JN430311

담쟁이는 벽을 종교인 것처럼

담쟁이는 벽을 종교인 것처럼

김어진

현대시학서정시선 03

ㅎ|ㅅ

이번 시집이 여섯 번째다
시인의 주문을
시집에 저장한 것이다
나는 매일 주문을 건다
주문도 씨앗처럼 파종한다
어제는 하늘과 땅과 해와 달이
잘 어우러지지 않아
파종이 잘 안됐지만
오늘은 파종 잘 되길 기도한다
주문이 파종된 커피타임은
가슴이 설레고
좋은 일 생길 것 같고
누구든 사랑할 것 같고
안정적인 캐릭터만 있으면
상상은 즉흥적 여행이 된다

2025년 가을
김어진

차례

: 시인의 말

1부

2부

3부

4부

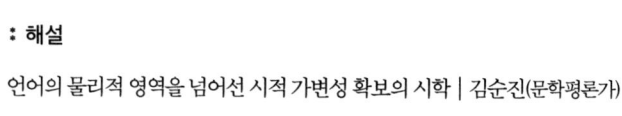

: 해설

언어의 물리적 영역을 넘어선 시적 가변성 확보의 시학 | 김순진(문학평론가)

1부

오늘도 설렘이 분위기만 씹고

침대에서 어서 일어나라고 벽시계가 부르는 것처럼
태양이 대지의 은종을 치면서 땡그랑 떠올랐습니다

설렘으로 숨 쉬는 것이 그윽하여 더 아직도 당신이
현혹하는 알 수 없는 이상한 힘을 알아내고자 합니다

햇빛을 받아서 꽃이 빛나듯이 영원한 빛을 바라보면
당신이 꿈꾸는 생각들이 어디서 오는지 알게 됩니다

당신은 더 쉽게 알아들을 수 있도록 길 안내해 주길
명료한 대화로 나의 설명을 듣고 싶어 해도 좋습니다

비가 내리다 끝이자 습기로 달빛의 띠 잡아당길 때
당신의 눈가에 달린 촉촉한 달무리가 반짝거립니다

봄의 시간을 보다

보시기에 심히 따듯한 봄은 시계 톱니바퀴처럼 물려오고
제비꽃과 자운영 향기 진동 배고픈 곤충들 붕붕거린다

봄의 시간은

한 잔의 싱그러운 물이 되고 무릎에서 춤추는 아기 되고
거리에 매혹적 여인이 되고 명상의 산책이 되기도 하고

봄의 시간은

셀 수도 없이 난파당했던 여인들이 다시 매달릴 수 있는
한 뼘의 꿈같은 시간 되고 봄과 천국은 결국 하나가 된다

구름은 벌레다

우리는 구름을 벌레라고 부르지 않지만
나는 구름을 벌레라고 부르기 시작했다

눈 오는 날 나다니는 개처럼 보지 마라
저 구름이 태양을 둥근 빵처럼 파먹는다

먹고 먹히는 먹이 사슬의 축축한 기억이
창문 너머 은하계로 사라지는 것을 본다

늙은 개가 벌레 먹은 해를 보고 짖는다
시간의 흐름 깨달아 죽음 생각했으리라

견딜 수 없는 고통의 끌림

나는 이제 막 생기고 있는 야생 숲을 돌아다니고 있다
잡초는 견딜 수 없는 고통의 적응력 뛰어난 만능선수
멸종시키기보다는 타협한다면 우리를 도울지 모를 일

포도나무 그루와 응달에서 잘 자라는 회양목 덤불숲
모험심이 강한 우리는 민들레나 별꽃을 수확해 먹던
여기는 우리와 개와 고양이와 새들이 사는 공동체다

자연이 재배한 가장 성공적인 작물을 한 떼의 새들이
잡초의 씨앗을 정신없이 콕콕 찍어 먹는 작은 존재가
견딜 수 없는 고통의 끌림 견디는 것은 사랑뿐이었다

꽃반지

꽃을 볼 때 영혼이 차오르는 느낌
꽃과 꽃 사이로 시간이 흘러가고
소의 뿔처럼 초승달이 차오르고
작은 추억이 지그재그 팽창할 때
초식동물 닮은 턱이 넓적한 남자가
육식동물 닮은 날씬한 여자를 본다
넷째 손가락에 낀 꽃반지는
사랑의 붉은 피가 약지를 통해
심장으로 이어진다고 믿었네만
무의식의 뿌리는 유혹이라 두렵다
네가 나를 믿고 의지하는 존재라면
이야기는 더욱 슬퍼져
감성과 이성 사이에서 질곡을 비판한
빚을 탕감하기 위하여
이성을 원해 고양이를 키우고
감성을 원해 키 작은 개를 키운다

담쟁이는 벽을 종교인 것처럼

내 취향이 때로는 호기심의 답변이 아닐까 두려웠는데
모임 좋아하고 시간의 흐름을 기념하고 술 한잔하고
어떤 무리에 속한 느낌은 안정감 주는 어머니 품처럼

한때 나는 인생의 속도를 늦추면 눈에 보이는 불편한
진실이 싫어서 바쁘게 벽에 기대는 즐거움으로 살았고
종교를 믿는다는 것은 공통의 문화가 생기는 것처럼

내 방황은 부정적인 생각들의 파티에서 비롯된 발걸음
나는 내 침으로 당신을 분해시키고 싶을 때가 있는데
결핍은 굶주림과 욕망을 유발하는 벽을 종교인 것처럼

별도 뿌리가 자란다

밤하늘의 별이 촘촘하게 감성과
이성으로 박혀있고
베란다에 수국의 잎은 별빛이 오는
방향을 보며
보라색 수국꽃이 창문 너머 별들과
대화를 나눈다

감성에 자만하여 겸손의 고삐
늦춘다면 용서 바라며
이성으로 나타날 진실이 숨어있다면
잘못된 추정을
내 손을 펼쳐 저 별들에게 더 많은
색으로 칠하는데
별도 뿌리가 자라고 있었다

목마름은 어느 풍경에서든 달콤한

단물처럼 흐르고

사자死者들의 눈에 보석이 하늘로 올라간

영혼의 안식처

감성과 이성을 조절 못해 반짝이며

자기 살 불태운다

감기

자신을 믿는 자 간헐적으로 님 나타나는데
잘못 다루면 찾아오고 잘 다루면 달아난다
게임의 언덕에서 내려다보는 나뭇가지 형상
저것은 콧구멍과 목구멍에서 자라는 생명체

감정은 날씨와 같다는데 저것도 마찬가지로
맑은 날 감정에 꼭꼭 숨는 오징어 게임 같고
자신의 소유라 여겨 집착했던 대상 사라지면
논쟁에서 이긴 자 칭찬을 받아도 평안을 잃고

악이 내뿜은 독에 열이 나고 삭신이 쑤시고
기침과 콧물로 적 몰아내 육신의 안락 추구
자신감에 집착하지 말고 마음을 흐리지 말면
슬픔이 없는 명상에 도달하는 안락 같더이다

봄보다 잔인한 심장에 거울

나비가 보이길래 거울 속에서 나를 봅니다
당신은 손가락의 지문을 남기고 갔습니다

머리는 탈박각시의 해골로 구름 위로 솟아
뇌는 명태의 내장처럼 구부려 똬리 틀고

눈알은 뒷마당 닭 둥지에서 금방 꺼낸 달걀
코는 흑산도에서 잡아온 홍어 코처럼 붉고

입은 서해에서 텀벙거리는 아귀의 입으로
귀는 고행으로 쉬었다가는 가로수 그늘로

얼굴이 해부된 상태로 놓여 있었습니다
봄보다 잔인한 심장에 거울이 있었습니다

봄볕은 외투를 벗긴다

초혼이 상대를 고를 때 구십 점 이상 생각하는데
집안과 학벌과 직장과 외모가 구비되어야 한다네
삼십 홀쩍 넘겨 결혼해 인구가 감소했다나 뭐라나

재혼이 상대 고를 때 육십 점 언저리 생각하는데
학식과 재력과 외모 따지지 않고 건강하면 된다네
약 안 먹고 두 발로 걸을 수 있으면 된다나 뭐라나

초혼은 기댈 언덕에서 토끼 같은 자식과 오손도손
재혼은 동물성 보수와 식물성 진보 서로 돌봄이네
초혼이고 재혼이고 봄볕은 외투를 벗긴다나 뭐라나

봄이란 농담

가장 멋진 우주적인 농담의 봄이 봄꽃을 피운다
빛이 몸을 덥혀 고마움 표시하기 시작하고
봄 시간의 장막 너머를 쫓는 심장이 벌렁거린다

고리타분하고 지루한 장이 흥미진진하게 바뀐다
이브는 에덴의 사과 따 먹어 개혁의 깃발을 들고
아담의 심장에는 사랑의 수수께끼가 꿈틀거린다

봄의 진리가 무너지던 날

전두엽에 불편하게 드리워진 나뭇잎 무성해지고
일 년 동안 기르던 닭에게 아침마다 모이 주다가
닭 모가지 치기 위해 다리에 갈고리 들이대는데

한바탕 봄비가 내리며 봄꽃들의 모가지 꺾인다
접근의 방식과 음모의 플롯이 방향을 바꾸는데
봄의 진리가 무너지던 날, 닭의 곡소리 서글펐다

개꿈의 끝에 문이 있었다

내 귀가 말을 했고 내 코가 말을 하고
내 손이 말을 했고 내 발이 말을 하고

심지어 지갑에 있는 몇 푼의 돈까지도
태양이 떠오르면 대화를 주고받습니다

이따금 고함지르고 얼룩 염소처럼 울고
개처럼 짖고 수탉처럼 꼬꼬댁거립니다

난 나이를 먹어갈수록 더 미친놈처럼
이런 세상을 한방에 먹어 치우려 듭니다

봄의 발언권

봄의 운동화에 자유를 허하라

바람이 봄의 볼에 뽀뽀해 주니
종달새 지저귀는 소리가 들린다

땅속에 뿌리들이 저 소리 듣고
물과 영양분을 위로 올려보낸다

새싹들이 봄의 무대에 등장하니
봄은 연분홍 눈을 살포시 뜬다

봄의 자석에 끌리듯 찾아오는데
감미로워지는 헛통증에 빠진다

내 방식대로 충분한 낭만 즐기려
봄을 따라 나비 집으로 들어간다

그때부터 자운영 꽃밭처럼 펼쳐진

내 뱃속에서 노랑나비 날아다닌다

봄의 소주잔에도 자유를 허하라

시간의 가위

하늘의 사랑으로 볼거리 많은 봄에
가방에 웃음과 유모를 가득 채우고
여행 가기 전에 감정을 분리배출하고
꼬깃꼬깃 접힌 영혼의 날개를 편다

매화꽃에 앉은 하얀 나비가 나라면
너는 꽃이므로 나는 너의 뿌리이며
따뜻한 날씨에 온기는 봄으로 봄은
여름으로 이어져 은총의 가치 더한다

피아노 선율이 귀를 감미롭게 울리듯
새들 소리가 웃음과 유모처럼 들리고
시간의 가위가 시간 자를 때 나무가
아기처럼 태양의 양분을 빠는 것이다

시간의 흐름

매미가 우는 날 가게에서 수박을 산다
매미는 우는 시간을 산다
너는 수박을 먹기 위한 시간을 산다

개구리 우는 날 서점에서 시집을 산다
개구리는 우는 시간을 산다
나는 시집을 읽기 위한 시간을 산다

딱정벌레

벌레에서 인간의 형상으로 진화된 내 모습은 매끄럽지만
유인원 과정 거쳤으나 지금은 원숭이보다 더 원숭이답네

벌들이 육식을 버리고 채식을 선택하자 꽃은 번창했으며
그래서 우리도 꽃을 보고 용납과 용서의 감정이 생겼으리

당신은 자기 자신을 모조리 버릴 수 있는 사람을 사랑하며
넘치게 많은 재능과 미덕을 갖추지 않은 사람을 사랑하지

당신이 사랑받을 자격 있는 이유는 변하지 않기 때문이며
교회에 십자가나 사찰의 탑은 인연의 거미줄처럼 보이고

봄 쏟아지는 밤에 배나무에서 딱정벌레가 힐긋 쳐다보며
너의 조상들은 벌레란 듯이 무관심하게 가던 길 지나가네

낙화는 달빛 조각이다

부처도 꽃잎 떨어지는 순간 흙으로 돌아가고
낙화는 무덤 모서리에 떨어진 달빛 조각이다

장미 가시에 찔린 날엔 검은 장갑이 불편하고
달빛이 머리털로부터 새끼손톱까지 통과한다

손가락에 피가 달빛 조각의 낙화처럼 흐르고
낙화 소리는 달빛 비벼내는 공기의 탄식이다

푸른 하현달에서 연분홍 악사가 풍악 울리고
감성의 현에 올라탄 낙화가 시인 품에 안긴다

고기는 저항도 질문도 없고

생삼겹살이 오늘따라 더 붉어져 있고
불판이 어디 있는지 찾아보고 싶구나
돼지 앞다리살이 어제보다는 이뻐 보이고
큰 냄비가 찬장 위에서 반짝이는구나

한우 육사시미는 달걀노른자를 감싸고
접시에 담아낸 미학에 우쭐하는구나
한우 갈빗살은 나뭇잎처럼 매달려있고
석쇠에 참숯은 당신 먹기 좋게 굽누나

오늘 내가 먹고 싶은 것이 하도 많아
전립선보다 단단한 토마토가 웃는구나
겁도 많고 욕심도 많아 고기 먹기 위해
이 불투명한 시간의 흐름에 맡기는구나

나비

나비가 날아가면 고무줄 늘었다 줄었다 하는 식이고
매일 그러하듯이 영혼과 대화하는 의식이 시작되네

손뼉을 치고 허공에서 허공으로 날아가며 춤을 추고
나비 영혼이 살을 부추겨 마치 햇살처럼 몸부림치네

나비를 타고 날아가다 나비 등에서 폴짝 뛰어내리고
땅에 닿는 순간 나무보다 더 높이 날아가길 원했네

구름 속으로 사라졌다 은하수로 빨려들까 걱정이고
영혼은 가장 깊은 하늘 뿌리에 닿는 순간 뒤엉키네

어느 경지에 이르면

악마는 행복이 있는 곳에 술을 보내고
신은 불행 있는 곳에 미소를 보내는데

저 달이 북서쪽으로 사라질까 걱정되고
마음의 골엔 술 마시는 소리만 남는데

보고 싶은 사람 한 명 있어야 인생이고
알싸한 술 한 잔 나를 네게 보내고 싶다

2부

포도주

눈을 들어 내가 너를 거기에 있는 것을 봤을 때
포도가 붉게 물들듯이 욕망의 힘이 솟아올랐다

너를 기다리며 생각에 잠기는 동안 난 잠이 들고
이따금씩 잠은 미래를 미리 알려주는 것 같았다

너의 길잡이가 되듯 너의 불꽃은 이글 타오르고
산이 향기를 사방으로 피워 올리는 하얀 여름에

첫 그림자를 던지는 곳을 향해 휘어진 가지 위에
작은 새들이 모여서 지지배배 재롱떨고 있었다

불꽃, 너는 잘못 쏜 사랑의 화살에 맞은 비너스의
눈썹 아래 흐르는 피처럼 그렇게 붉어져 있었다

온갖 그리움의 기억이 회복되는 여름이 되었으나

넌 내게 불꽃 한가운데서 천년을 보낸 여름처럼

순수했고 하얀 여름 펼쳐진 온갖 포도가 풍성했다
저것이 바로 시인들이 찬미하는 시의 포도주였다

냉동실 속의 애인

물만 뿌려주면 세상을 열렬히 지지하는 꽃이었다
시들어가던 꽃이 금방 고개를 빳빳하게 쳐들었다
꽃 속의 꿀은 항상 제 나이에 맞는 창법이었다
헤어진 이유를 오래 얼린 냉동실 속에서 꺼낸다

자존심이 기우뚱거리면 동박새는 동백꽃에 간다
동백꿀 빨다가 매화꽃 피면 매화꿀 먹으러 간다
허언증이 혀를 말면 꽃의 얼굴도 모르는 척한다
세상이 내민 허망한 꿀단지가 나를 끌고 다녔다

사랑은 언제든 절벽으로 달리고 이별은 즐겁다
내 노래 들으며 눈물 발라먹는 자운영은 예뻤다
현혹하는 화살에 찔린 것은 아무도 알 수 없다
별똥별은 적당한 순간마다 북서쪽으로 떨어진다

구름은 빛의 미세한 주름이다

눈동자 속으로 구름의 빛을 받아들일 때
빛의 미세한 주름이 하늘에 걸쳐있습니다
구름에 산소 부족하면 혈관이 시궁창처럼
더러워질까 명사보다 동사에 집중합니다

새들은 하늘에 메뉴판 읽는 걸 좋아하는데
처음인데 처음이 아닌 것 같은 현상입니다
대지에 장미꽃은 너와 내가 둘이서 공유하는
장난감 되길 바라는 빛의 주름 받아들입니다

시간의 흐름은 시곗바늘처럼 원운동하고
구름은 구명줄 없이 허공을 걷고 있었네만
마치 아직 키스를 하지 않은 연인을 향하여
메기 등에 뱀장어 넘어가듯이 비를 뿌립니다

천국을 엿보다

그대 향기의 세계를 우아한 문체로

유영했을 때 설렘이 가득했네

몸은 욕망의 전쟁터

멀고 순수한 시절로 나를 데려갔네

사랑과 술은 자연을 파괴하며 탄생했네

하얀색 꽃은 거의 밤에 피듯이

나는 야행성 박각시를 사랑했네

향기는 연기처럼 사라지고

그대에게 오롯이 몰입했던

짧은 순간도 아름다웠네

일상에서 비일상 사이를 헤매다가

돌아온 여행자였네

천국을 엿봤으니

지옥행 급행열차 입장권을 예약해야겠네

천국은 없다

흐릿한 저녁이 건물들 사이로 느릿느릿 걸어간다

음악의 선량한 눈동자를 바라보고 노래를 부르면

바람이 불어오는 쪽의 슬픈 저녁을 알 것만 같다

당신을 만나지 못하고 돌아섰을 때 안개비 내린다

거리에 개처럼 도망쳐 도착한 곳에 천국은 없었다

천국은 있다

아이의 판타지와 어른의 추억을 연결하는
꿈같은 세상 펼쳐진 들판에 연결된 사원에

천국은 기도 때문에 문의 귓불이 보이고
폭풍의 빗속에서도 촛불이 꺼지지 않는다

좋은 생각 많이 하지 않으면 천국 모르듯
돌이켜보면 고단함이 점철된 시절이겠지만

고민하는 종교의 최종 목표는 성찰이며
천국이 없음을 천국이 있음으로 알려준다

가벼운 농담

바람이 수평으로 행복과 어깨동무하고 옵니다
행복은 가무락 앞산 너머 남촌 어디서 오는지
실없이 부는 듯한 가벼운 농담에게 물어봅니다

바람은 밥 짓는데도 반찬에 넣을 수 없습니다
바람은 숟가락 젓가락질에도 잡히지 않습니다
식탁에 근사하게 자리 잡은 술잔에도 없습니다

가을빛 선명한 오늘은 염소로 살기로 했습니다
들판에 담배 나뭇잎을 찾아 질겅질겅 씹습니다
세상이 느려지고 사람들이 친구처럼 보였습니다

바람이 수평으로 행복과 손잡고 랄랄라 갑니다
행복은 가무락 뒷산 너머 북촌 어디로 가는지
실하게 부는 듯한 가벼운 농담에게 물어봅니다

곰비임비

시간을 쌓아 놓은 것 같은

저 산을 돌아

나무가 나무를 찾아가는 길

언덕 너머에

풍경 기다리는 생각이

발걸음보다 빠르고

산에 가면 바람과 나무를

읽어내려 하는데

속내를 드러내지 않고

일기 쓰는 나무 있어

첫 번째 생각을 두 번째

생각에 동여매고

곰비임비 봄의 떨림처럼

봄꽃을 주는 손에

향기가 있고 봄나물 캐는

손에 애정이 있어

봄이 언제 올지 모르니

문이란 문 다 열어 놓네

주문이 파종된 커피타임

잘생긴 사람은 얼마나 지루할까

저렇게 하염없이 기다리고 있으니

생각해서 얻게 될 이익이

마음속에서 순식간에

여행이 되고 새가 되고 새로운 모험 된다

하늘은 비구름처럼 물먹은 솜뭉치 들고

빈정대지 말라는 듯 비 뿌리기 시작한다

외로운 사람들이 힘을 많이 잃어

심장을 다시 피로 채워 넣고 싶다는 듯

다소곳이 앉아 아무 말 없이 커피 마신다

불확실한 미로와 오만함의 자태로 가득한

주문이 파종된 이 커피타임을

술수가 넘쳐나는 커피잔 속에

우울해진 몸에 꿀처럼 달콤한 설탕 타고

우리를 위해 땅에 지어놓은 건물 안에서

마치 야생 짐승처럼

내 핏속으로 스며들어와

주문 싹튼 커피가 심장을 방방 두드린다

관음觀音

그대가 나의 집이었으면 했습니다

악마가 너무 바빠서 방문할 수
없을 때에는 술을 보내주시고요

언제 작품이 말을 걸지 몰라
개와 고양이와 새도 기르고요

피해 줬을 수도 있는 이에게 용서하고
나에게 피해 준 이에게 용서 구하고요

그때 건들 지나가던 검은 고양이가
쥐를 물고 저녁의 한가운데로
자기 방식대로 아늑한 구석 찾을 때

거미줄이 내는 소리가 장엄하더라도

지금은 마음속에 관음을 만날 거예요

그대가 나의 집이었으면 했습니다

월요일

모래알에서 우주 보고 들꽃에서 천국을 보며
끝없이 삶의 질문을 던지기 시작하는 날이다

자신을 위로하고 있어야 할 자리에 잘 있는지
내 안에서 무슨 소리가 들리는지 귀를 세운다

검은 혀에 자유를 허하라는 깡패가 된 나이를
세상이 옳았다 깨달았을 때 월요일은 반항한다

한 주의 첫날부터 저항하는 것은 불가능하므로
신은 파도라는 이름의 포장지에 싸 선물 준다

매운탕에 수제비 뚝뚝 끊어 넣은 냄비 속에서
칼칼한 월요일이 수채화처럼 펄펄 끓고 있었다

화요일

불의 리듬이라 읽으니 방에 등불도
어둠의 이불로 보였다
하나님께서 평등하게 덮어 주시는
은혜이며 은총이었다

자식 성격도 제각각이니 일주일도
저마다 개성 뚜렷하지 않겠나
달 속에서 불이 붙는 걸 보았는데
그것은 토끼의 장난이렸다

추석이 다가오니 화덕의 불 붙여
송편을 쪄내려 했을 것이다
서쪽 끝에서 바람이 불어왔으나
열기의 나비효과로 땀을 흘렸다

동물의 꼬리와 발굽에 붙어 도착한

불씨가 싹이 터 발아되던 날

파먹히는 속박에서 벗어나기 위해

불을 먹고 불똥을 싸는 날이었다

수요일

저것은 달력에서 요리한 맛있는 음식이네
저것의 큰 그늘은 작은 그늘을 덮는다네
그러니까
몸을 방정맞게 흔들어 흥 오를 대로 올라
야질야질하게 다가오는
너를 얻기 위해 열두 달 달력 페이지
사이사이 간지처럼
맛있는 호기심의 물을 부어주었단 말이네
저것은 어릴 때부터 부정적인 말 들으면
도전 의식이 불타올라 동기부여 되었다네
저것 하늘에 가을이 물처럼 흘러가는데
저것의 산이 울자
모두 다 사랑하라는 어머니 음성 들렸다네

목요일

나무 사다리에 피곤과 찌꺼기들이 걸쳐있고
식탁에서 밥과 반찬이 나를 차지하려 다툰다

아침의 미세한 주름이 나무 표면을 어루만지고
시곗바늘은 미친 듯이 원 궤도를 따라 걸어간다

강이 울자 천 년 전 물벌레들이 깨어날 것 같고
당신의 착한 눈동자 속에 당신의 습성 보인다

목요일은 피곤이 젖은 장작더미처럼 쌓이는데
당신을 위해 피곤한 나무에 물을 주었단 말이다

금요일

내가 너무 자만하여 예의의 고삐를 늦추는

일이 있었다면 당신에게 용서를 바란다

월요일부터 목요일까지 내내

소통은 낮아지려는 겸손이었다면

금요일은 높아지려는 교만을 가지며

기분에 취하는 순간은 예술이 된다

금요일에 기분이 들뜨는 이유는

맞불작전

마음에 꽃이 이렇게 많이 피기 때문

그러니까

하느님이 마음을 새벽에 택배로 보냈는데

잘 받으셨는지요

뭐 이런 느낌이랄까

하마가 바다에서 고래가 됐다는 진화를 믿는

금요일 아침부터

내 몸에서 이빨고래와 수염고래가 놀고 있었다

토요일

당신과 나 사이에 지류처럼 흐르는
애정의 시간을 초월하고
택배 같은 토요일이 따뜻한 음식처럼
오고 거리는 소거된다

어떻게 살아가야 할지를 배우고
지혜를 깨닫는 시간이 되고
토요일은 환상이란 궤적에 기쁨과
행복의 중간에서 서성인다

내면에 잠재하고 있는 야릇하고
흉측한 짐승이 으르릉대고
공허의 기호는 헛되게 떠돌며
춤을 추는 유목민처럼 보인다

슬픔도 없지만 기쁨도 없는 싱거운

삶이 타성처럼 흐르는데

참새들이 마당에서 토요일을

자음만 분해시켜 삼키고 있었다

일요일

나의 사랑에 발동을 걸고 끝날 때까지
당신에게 힘을 줄 에너지의 원천이다

누구나 일요일에도 우연은 찾아오는데

내가 읽은 시집의 보다 강렬한 한 줄
베토벤의 머리카락은 백배의 납 중독

비둘기들 날아드는 광장의 노란 벤치
태백산맥 달리는 말의 등에 걸린 반달

우리 일상의 삶에는 우연이 빗발친다

실내에서 모차르트의 음악 나오는 순간
빛나는 당신이 카페에 등장하는 것처럼

무심결에 지나쳐버리는 우리를 위하여

빈 페이지 만드는 친절은 어디서 오는가

내 몸은 동물원이다

청춘의 별들이 개똥벌레처럼 빛나는 밤에
여름은 모기들이 살다간 흔적이 뚜렸했다

밤새 죽어있다가 아침에 깨면 눈두덩이며
우주로 달아나려는 콧잔등이 시뻘게졌다

얼마만큼 아름다운 피를 빨아 먹은 것이냐
피하지방의 세포들이 가렵다고 긁적거렸다

내 몸은 모기의 단물이란 걸 어찌 알았으랴
태초에 바다 밖에 없었던 시절이 있었겠다

하늘이 열리고 바위와 돌과 모래 쏟아부어
육지가 형성되어 풀이 자라고 꽃 피었겠다

그리고 밤이 되면 모기는 동물을 택했으니

올빼미가 전설을 지키는 밤에 내 몸이렸다

인생은 훑고 빨리고 따먹히다 지나가는 것
여름이 모기를 바라보고 위대함에 탄복한다

강아지풀꽃

영원한 섭리의 무한한 세상에는 반복의 문이 있다
그리고 반복의 문을 들어서면 선택의 쪽문 나오고
머리 위로 소나무에 까마귀 날아와 가지 흔들리고
반복하는 태양이 보라색 강아지풀꽃을 내리쬐는데

선택된 삶에 죽음이 따라다니다 보면 썩어 없어질
무렵 그 심장을 멈추게 되면 완전한 순환을 이루고
반복이 다른 반복과 엇갈리는 곳을 선택이라 하면
나로 말할 거 같으면 내 운명이 저지른 걸 용서하고

정신과 공간 속에서 반복하는 것은 숭고한 선택이고
배경으로 찬란한 빛줄기가 내게로 손을 내밀었으니
일상에 반복과 선택은 강아지풀의 운명적 만남처럼
힘들고 쓰러져도 삶의 한가운데서 강아지풀꽃 핀다

그릇

나는 내 시에 갇힐 때면 문을 열었네
그러면 해가 찾아와 놀다 가곤 했는데
자식의 화를 다 들어주는 어머니처럼
둘이서 노래 부르고 춤을 추며 놀았네

나는 내 꿈에 갇힐 때면 문을 열었네
그러면 달이 찾아와 놀다 가곤 했는데
어머니의 한을 다 들어주는 자식처럼
둘이서 식사하고 계절을 마시며 놀았네

일 년 동안 모아둔 햇빛과 달빛이지만
꽃잎에 상처 있어도 꽃의 향기는 짙어
저 풍경을 관조하려는 마음을 표현하는
시는 해와 달의 뜻을 담은 그릇이었네

죽음

문득 어느 날 내가 그래프 같은 죽음 생각한 것은

나무에 새들이 찾아와 조잘대다 가버렸기 때문이고
꽃은 피었으나 아무도 보지 않고 지나가기 때문이고
뛰어오른 물고기로 갈매기들이 날아왔기 때문이고
날아가는 나비의 등허리가 낭창낭창 휘기 때문이고
염소가 뿔에 매달린 초승달에 찔려 아프기 때문이고

앞머리에 구르프 만 소녀가 지나가고 있기 때문이고
꽃다발 든 숙녀가 향기 풍기며 곡선을 돌기 때문이고
꽃다발 든 신사가 직선으로 왔다 갔다 하기 때문이고
당신이 나를 코딱지만큼도 생각하지 않기 때문이고
곡선으로 살다가 직선으로 끝나 죽게 되기 때문이다

3부

녹각鹿角

사슴뿔 위에서 왜들 저리 싸우는 건지

하늘이 열리는 동안에 몸을 맡길 것인데

보수면 어떻고 진보면 어떻다는 건지

사슴 뿌리를 좌로 흔들면 서쪽이 춤추고

사슴 뿌리를 우로 흔들면 동쪽이 춤추니

손에 손잡고 크게 웃지 않으면 멍청하지

사슴은 풀 마음껏 먹게 놔두면 그만일세

백하白夏

여름은 한 해를 살아내는 기적 같은 힘을 기른다
배롱나무가 붉어지면 천변의 숲이 화들짝 놀라고
당신과 나의 사랑은 강변 모래에 발자국을 남긴다

하얀 여름을 보내는 게 못내 아쉬워 우는 벌레들
낮에는 매미들이 더 크게 울어 사랑의 짝을 찾고
밤에는 귀뚜라미들이 사랑의 세레나데를 연주한다

벌레들의 사랑도 배려의 경계를 베푸나니 오묘하다
우리도 이처럼 한데 어우러져 노래 부르며 보낼 때
사랑은 별나라의 수식어로 찬미하는 노래로 들린다

치자꽃 옆에서

약속의 약속을 위해서 너를 만나러 나섰다
약속의 내용을 말로 표현해 본들 부질없다

바다에서 떠오르는 태양에 섞여 타오르듯이
너와 내가 뒤섞여 하얀 치자꽃 피는 일이다

하루를 보내다 보면 긍정의 기운이 솟을 때
책보기보다는 육체가 이끄는 대로 움직이자

밤에 노곤함이 밀려오면 느긋이 다리 펴고
치자꽃 옆에서 책 보면 향기가 달까지 간다

안주

서울 역전의 포장마차 지붕에 반달이 걸려 있다
회무침과 닭똥집이 권리인 양 자리를 떡 잡는다

당신의 주량이 소주 두 병이면 실제로 한 병이다
권리로 앉아 있는 안주가 술을 누르기 때문이다

많이 마시면 똥배짱이 머리끝까지 기어 올라가
술을 누르기 위해서 주문한 안주를 먹는 것이다

술 한 잔 마실 때마다 안주를 요것 저것 먹는다
석 잔을 마시니 세상이 그림자 같고 도깨비로다

불투명과 투명

태초에 신께서

불투명과 투명이란 이란성 쌍둥이를 낳으셨나니

나는 불투명한 시간을 걷는다

투명한 것보다 예측할 수 없는 걸 좋아한다

발밑으로 개미들이 지나가는데

한 마리도 밟아 죽이지 않고 걸어간다

개미들도 불투명한 시간 때문에

먹이를 구하고 전쟁을 하고 집을 짓는다

머리 위에 소나무 가지에서 새가 지저귀는데

저 새도 불투명한 시간을 꿰는 중이다

바람이 불투명한 시간을 걷는다

불투명이 투명을 삼키고 더 큰 불투명을 키운다

풀이 눕는 자리마다 불투명한 자리가 확보될 때

낮은 식물들이 가슴을 내민다

개미가 갑자기 시야가 확보된 풍경을 본다

지나가던 나비가 얼키설키 불투명한 그물에 걸린다

불투명한 시간을 먹는다

외출 나갔던 투명한 시간이

내 몸속의 자궁 같은 생각의 주머니로 돌아온다

산내들에 야생화들이 무궁무진하게 피었다

불투명으로부터 투명을 지나

꽃이 핀다는 건 이기적인 일

떨어지는 낙엽

고양이가 주인한테 들었다고 엄마 고양이에게 말한다
소파에서 티브이를 보는데 미래가 불안하다는 것이다
지구가 열병을 앓아 홍수와 가뭄이 반복된다는 것이다

금년 태풍이 길을 잃어 한반도를 통과했다는 것이다
사람들은 미리 대비하기 위해서 달에 가본다는 것이다
주인님이 달에 갈 때 우리를 버릴까 두렵다는 것이다

구석에서 햇볕을 쬐던 할머니 고양이가 한마디 한다
애야 미래에는 어떻게 변할지 모르니 걱정하지 마라
지금은 떨어지는 낙엽에도 몸조심하면 된다는 것이다

피아노 연주회에서

커피잔 만지작거리거나 핸드폰을 들여다본다
그녀가 손을 흔들며 노랑나비처럼 날아온다
심포니의 한 부분 담당하는 단음의 악기보다
피아노 연주 통해서 맛있는 사랑이 요리된다
괴로움도 기쁨도 한낱 이슬처럼 날아가나니
두드려진 선율은 사람들을 들었다 놨다 한다
신의 손으로 큰 그늘은 작은 그늘을 덮으니
욕망의 소멸과 함께 조그만 향락도 사라진다

주말에는 전사가 되자

변명인지 몰라도 전사가 되라고 주말을 만드셨단다

산에 가보면 땀을 흘리며 힘차게 올라가고 내려간다
정복이라도 하듯이 태양은 우리에게 용기를 주었다

축구장에 가보면 공을 구멍에 넣으려고 뛰어다닌다
억센 팔뚝 언덕에 떨어지는 빗방울처럼 땀이 흐른다

강변에 가보면 달리기하는 사람의 숨소리가 통통배다
저녁이 뜨겁게 빛나고 그림자는 침상으로 수그러든다

힘차게 운동하고 땀 흘리는 우리야말로 주말 전사다

촉 들다

눈은 사랑을 지키기 위하여 떴다 감았다 합니다
코는 의지를 지키기 위하여 오뚝하니 서 있습니다
귀는 조절을 지키기 위하여 문을 열어 놓습니다
입은 생명을 지키기 위하여 고군분투해 왔습니다

밖에는 가을비가 추적추적 건물과 거리를 적십니다
명주실 같은 라면에 달걀을 까서 톡 집어넣습니다
왠지 비 오는 날에는 벌거벗은 면발이 당겼습니다
촉들이 통했는지 당신이 만나자는 전화가 왔습니다

자월도

손에서 바다에 떨어뜨린 과자가 떠내려간다
아이가 잃어버린 과자는 슬픔을 알고 있을까
하늘이 내려와 맞닿은 수면은 바다의 입이다

과자가 돌아온다면 물고기 천성 탓일 것이다
봄 소풍 아이들이 재잘재잘 경계 허물어낸다
나뭇잎 흔들리자 새들이 방향을 잡아 떠난다

한꺼번에 쏟아져 들어오는 풍경으로 걷는 길
바닷물 밀려와 소금을 철썩 밀어주고 가는데
첫사랑 그녀의 붉은 적삼 같은 섬 눈물 쏟는다

평행이론

아침에 일어나 오늘은 무엇을 할까 생각합니다
천당과 지옥과 개와 고양이가 화자 바라봅니다

여자들의 평행이론은 화장품이거나 핸드백이고
남자들의 평행이론은 불끈한 팔뚝의 미소입니다

평행의 힘을 겨루는 꽃과 나무들이 눈씨름하고
저녁 안개와 아침이슬은 겸손을 배우는 중입니다

머리 옆에 사람이 누워있는 아파트는 화폐이고
머리 옆에 양변기가 있는 아파트는 공산품입니다

화폐 옆에 누워있으면서 양변기 옆에 누었습니다
같은 시간대의 같은 운명의 사람들을 사랑합니다

쫄깃함이 핏속에 스며들어

축구 예선을 보는데 해설가 침이 화면 밖으로 튀어나온다
경기장은 놀이터이며 밥 달라고 할 때까지 노는 전쟁터다
축구공 몰고 가면 밀집 수비들은 그물을 펼쳐 막고 있다

그물코 성을 무너뜨리려 쏘는 총알 막는 수문장이 외롭다
남의 등을 누르고 올라타는 시합이 쫄깃하게 가슴 저민다
쫄깃함이 핏속에 스며들어 야생 짐승들처럼 소리 지른다

사마귀 울음소리 멈추다

잎사귀 뒤에서 벌레가 나에게 말을 했습니다
깻잎 먹어도 되는지 먼저 먹어봤다는 겁니다
빙그레 웃으며 저 벌레도 친구라 여겼습니다

깻잎 대에 살던 사마귀 울음소리 멈췄습니다
지나가던 벌레를 잡아먹고 있었기 때문인데
세상은 진부하고 재미없다는 말은 없었습니다

벌레 잡아먹고는 힐끔힐끔 뭔가 찾고 있습니다
깻잎 따는데 사마귀가 앞발 들어 화를 내는데
내 모가지 잘릴 죄를 지었는지 뒤돌아봤습니다

인사를 하다

화려한 색의 들꽃이 바람에 흔들리면
꽃나무한테 인사하는 법을 배운다

생명의 잉태를 위해 붉은 피가 엉기는
아픔 참기 위해 인사하는 법을 배운다

잎이 울긋불긋 색으로 바람에 흔들리면
단풍나무한테 인사하는 법을 배운다

무의식에 뿌리는 유혹적이면서 두렵고
풍경이란 인생행로의 감정을 노래한다

팥배나무

할머니 댁을 기품 있게 지키는 수문장입니다

봄에 새하얀 배꽃 닮았는데 꿀을 생산합니다
새가 한 입에 따먹는 열매 조롱조롱 달립니다
붉어서 눈에 잘 띄는 것이 하늘과 궁합입니다

할머니는 가을 하늘에 팥처럼 붉게 매달리면
사탄도 귀신도 물러가라고 기도를 하셨는데
백수 누리시고 어느 봄날 꽃 따라가셨습니다

할머니 댁의 수문장은 참새들을 쫓지 않습니다

사랑은 쪽잠이거나 꿀잠

사랑은 지배욕에 따라 움직이는 감정입니다

누군가 사랑하는 것은 맹목적입니다

봄빛이 스며들 듯 그 사랑이 시작됐다는 것입니다

사랑은 피보다 진해 물로 씻어도 그대로 남습니다

속절없는 봄바람처럼 사랑은 휘둘립니다

사랑하는 나는 쪽잠이고 사랑받는 당신은 꿀잠입니다

사랑의 길에 쉼표가 있습니다

잔잔한 파도와 성난 파도 헤엄쳐 건너가는 중입니다

책 한 권의 인생이 오늘도 흘러갑니다

개미의 종교

개미는 오전에 성경책을 꺼내 읽고 오후에는 불경 판을 읽는다

개미들 공통분모의 황금률은 받기를 원하는 대로 남에게 베푼다

개미의 갈 길은 멀고 낯서네만 송가頌歌는 늘 개미를 설레게 한다

개미는 눈 감은 채 세상으로 들어가고 세상이 개미에 들게 한다

개미들도 영원히 살 수만 있다면 종교를 원하지 않았을 것이다

개미들이 자연을 지키느라 우주를 바스락거리며 돌아다니는데

오전의 예수는 빵을 주시고 오후에 오신 붓다는 밥을 주신단다

호랑나비 나용裸蛹

지금은

몸 전체가 고착되어

있지 않은 번데기다

머리와 손과 다리들은

굳지 않아 움직일 수 있다

보이는 것보다도

보이지 않는 부분이 숲에 있다

숨어야 하고 숨겨야

살아남는 시간 허물어진다

울음 뒤에

웃음 믿어야 하기에

시간을 믿었다는

우리의 주인공은

몸부림치며 허물을 벗는다

모기의 무덤은 없다

내가 사는 아파트 엘리베이터 문이 열리면
벽면에 죽은 모기가 납작하게 붙어있습니다
남자 누군가 손바닥으로 내쳐서 죽였겠지요
모기가 죽으며 나 살려 소리 질렀을 겁니다
101동 엘리베이터를 탔던 모기가 죽지 않고
현관문 열 때 침 흘리며 따라 들어왔더라면
내가 죽였을지도 모른다는 생각 끔찍했습니다
올여름 모기를 얼마나 많이 죽였는지 가끔은
죽은 모기의 영혼이 저주하는 소리 들립니다
그러면 나는 어른의 추억과 아이의 판타지를
연결하는 꿈같은 세상이 펼쳐진 유리창 너머
들판을 지나 숲속으로 들어가 산책을 하면서
사람의 피 빨지 않는 모기로 진화되길 빕니다

수평 굴뚝

굴뚝에서 밥 짓는 연기가 나면 짐승들도 순해진다
지상을 따라 길 걷는 굴뚝의 연기는 불만스러웠다

나무에 다람쥐가 수평 굴뚝 보고 호기심이 생겼다
훈장님에게 왜 수평으로 굴뚝을 만들었냐고 묻는다

연기를 지상으로 배설하려는 뜻은 속내가 깊단다
가난한 자를 위하여 연기를 볼 수 없게 배려했단다

다람쥐가 훈장님에게 오늘 공부 잘 배웠다 하면서
꼬리로 배려를 쓰고 고개 숙여 인사하고 사라진다

4부

영혼을 팔아먹고

청춘인 줄 알았는데
하루가 서쪽으로 기울어
영혼을 팔아먹고 힘들 때
우는 건 삼류입니다

향락은 소극적이고
고통은 적극적으로 오지만
영혼을 팔아먹고 힘들 때
참는 건 이류입니다

짧은 과거와 긴 미래 가질
네가 육체노동으로
영혼을 팔아먹고 힘들 때
술 마시는 건 일류입니다

바람개비

바람개비는 바람의 영혼을 바라보고 있다
맞바람을 밀어 내려다보니 왼쪽으로 돈다
좌타자에 좌투수를 내보낸다는 것은 맞다
바람의 속도가 강해지자 빠르게 돌아간다
하루를 살기 위해 더 걸어야 했을 것이다
달리는 자전거에 꽂혀서 씽씽씽 돌아간다
돌려 돌려보라니까 끝까지 돌아줄 테니까
꽃과 나무들도 날아오르길 원하는 것처럼
사랑은 진실한 요청에 문을 잠그지 않는다

녹綠

서랍 구석에서 고독 씹고 있는
구리반지를 오랜만에 꺼냈는데
독 품은 푸른 녹이 만찬 중이다
내 안의 녹은 얼마나 껴있을까
녹은 저녁에 느리게 도착한 감정
중식을 포기하고 생존 추구한다
녹 빛을 띤 나뭇가지들 사이로
너무나 고요히 멈춰 서 있는 듯
보이는 하늘이 저 멀리 반짝인다
하늘은 구체적이고 견고하다
새 한 마리가 허공을 채우듯
도화선이 양쪽 관자놀이 지지듯
녹이 피부에 버짐 먹듯 퍼지면서
육신을 기진맥진하게 만든다
갑작스럽게 떠오른 녹 감정은
한갓 꿈에 지나지 않다는 듯

진실하지 못한 우정과 사랑은

후추를 안친 저녁 밥상 반찬처럼

아무 맛없이 밍밍하다는 걸 알았다

당신은 내 옆에 없었네

포도주도 음식도 크리스마스트리도 있고 눈도 내리는데
하늘엔 영광 땅에는 평화롭네만 당신은 내 옆에 없었네

벽난로가 있고 크리스마스 캐롤이 흐르고 종이 울리는데
산은 품어주고 바다는 풍요롭네만 당신은 내 옆에 없었네

루돌프 사슴 썰매 탄 산타 있고 숲의 나무들 합창하는데
손에 손잡은 연인들로 가득했네만 당신은 내 옆에 없었네

모서리

달 밝은 밤에 팔꿈치를

벽 모서리에 부딪혔는데

하늘이 산산조각

깨지는 것 같았다

방 벽의 모서리는

질문이 늙었다고 한다

팔꿈치로 물을 걸 물어야지

동작 각도의 접합점이

모서리를 택한 것도

자연의 순리라 한다

모서리 공포증으로

칼날의 손톱 자른다

달빛은 창가로 은은히

자작자작 스며드는데

모서리 공포증 사라진다

철학적 둥지에서 까치가 나오다

저 새는 검은 옷과 흰옷을 입고 플라톤처럼 사랑의 쾌락이야말로 최대 속임수라고 매일 짖어대고 있다 아침에 대문 근처 나무에서 까치가 울면 손님이 찾아올 거라 믿었다 사랑은 낡아빠진 통속적 주제라 해도 버릴 수 없는 유산이었다 신의 프로그램에 사랑은 머슴처럼 하라고 했던가

봄이 따스하게 둥지에 퍼지자 수컷은 정력과 생각을 강제로 동원시키고 암컷의 머리털이 다 빠지도록 물고 사랑은 성욕이란다 봄이란 희곡에 사랑을 다루지 않고 재미있기를 바란다면 그건 연목구어 아니더냐 마침내 철학적 둥지에서 별나라의 수식어로 찬미하는 소리 들린다

서해바다

아직 파도의 손길조차 닿지 않는
바위에서 지금도 전해져 내려오는
머나먼 옛날의 이야기를 던지려는
말이 없는 증인의 심정에 젖으며
유년기부터 저 바다를 선망해왔다

성격은 꿈틀거리는 뱀의 껍질처럼
사납게 물결치는 바다의 수면 같다
상어처럼 멋진 야성미를 갖고 있고
그는 수액이 끓어오르는 팔뚝으로
물고기의 피로 쓴 글을 사랑해왔다

공동묘지

잡아도 잡히지 않는 꿈이 있다

잡은 듯 펴보면 아무것도 없지

너희들도 매일 꿈꾸는지 궁금해 죽겠지

발칙한 소년처럼 건방지게

짐을 내려놓은 풍경이 되어 풍경 속을 거닐지

공동묘지처럼

기본적인 무덤으로 단출한 꿈을 꾸지

고양이가 나비 잡듯 헛발질 꿈을 꾸지

강아지가 젖 빨듯 혀를 내밀며 꿈을 꾸지

눈을 떠보면 가무락거리며 연기처럼 날아가지

상상력만으로 느껴지는 것들

영혼의 박물관에 꿈의 역사가 있는 것인지

꿈이 선명한 날은 간간이 터뜨리는 웃음으로

세상은 환하고 눈부신 꽃밭이 되지

갈매기들의 꿈도 바다로 떨어지지

이게 내 영혼의 꿈에 전부란 말이지

여보게 술이나 한 잔 따르시게

인생은 바람 빠져가는 풍선 같은 거네

숲속의 언어

숲에 입주한 새들의 언어가 들린다
숲은 부드럽게 다루어 달라는 듯이
숲은 그걸 이해하려 고개 끄덕인다

새들의 언어는 새로운 길을 내는데
길은 걷거나 날아가면 이루어진다
숲의 언어 이어지면 길은 존재한다

어떤 이 언어는 노폐물을 만들어내고
어떤 이는 일과 즐거움을 만들어내고
어떤 이는 여기저기 신을 찾아다닌다

당신에게 삶이 상큼한 레몬을 주듯이
저녁의 필요에 따라 아무 이유도 없이
은하수로 분을 바른 숲이 뒤척거린다

동치미를 속풀이로 읽는 아침

무를 썰어 고추와 쪽파와 양파 넣고 동치미를 담습니다
거미줄 치는 생각과 밭에서 캔 영혼들과 몸을 섞습니다
가족의 속풀이를 위하여 톡 쏘는 맛을 만들고 있습니다

거미줄 치는 생각은 생각만 하다가 손의 그리움이 되고
밭은 고집 센 발로 버티다가 뿌리째 뽑히기도 하더니만
서로 육즙을 내주어 섞이며 천국의 맛을 만들어냅니다

어머니는 이 동치미를 한평생 담그다가 세상 뜨셨습니다
거미줄 치는 생각이다가 밭이 됐다가 속이 탔을 겁니다
아버지가 허구한 날 술만 드시고 늦게 왔기에 말입니다

속풀이 하시느라 동치미 국물을 벌컥벌컥 들이켰습니다
두 분이 거미줄 치는 생각과 밭처럼 끈끈하진 않았지만
어머니는 아버지의 속풀이 해장 동치미 국물이었습니다

얼굴에 무덤을 파다

봄날에 꽃처럼

나비와 같이 활짝 웃을 수 있는지

여름날에 낮잠 자는 너에게

부채를 부쳐 줄 수 있는지

가을날에는 붉게 물든 낙엽 보고

눈물 흘릴 수 있는지

겨울날의 첫눈 내릴 때

생에 애착을 노래할 수 있는지

사계로 몰아가는 힘이

형이상학적 생각을 사로잡는다

사계의 주기적 리듬과

반짝반짝 빛나는 생명의 윤회를

유일한 삶과 그리고

언젠가 흙 속으로 돌아갈 우리는

태양 아래 바뀌는 대지의

네 가지 얼굴에 무덤을 판다

허물

일 년에 한 번 웃는 벚꽃이
지상에서
명사가 되고 싶다고 합니다
그러자 소나무가 말하기를
형용사에 집중하라고 합니다
몸속에 산소가 부족하면
혈관이 시궁창처럼 더러워
이 젊은 세상에
너무 늦게 온 것도 슬프나니
나비 하나 날지 않던 마음에
벚꽃역 하나 만들어 줍니다
우리는 매일매일 성장하고
꽃 그림자 위로 세월 가고
모든 감각이 봄에 맞추나니
마음의 텃밭에
분홍색 벚꽃역이 붐빕니다

사랑하며 사랑하는

지상에서 요리한 맛있는 음식

먹는다고 기뻐하거나 자랑 마라

때가 되면

큰 허물은 작은 허물을 덮으니

은은한 낮달처럼

망종이 지나자 여름 내내 빛 속에서
이룰 수 있는 일은 얼마나 남았을까
키 작은 소나무가 중얼거렸다
그때 연극배우처럼
휴대전화를 키 작은 소나무에 올려놓고
'그리움만 쌓이네 ~'가사를 읊조렸다
키 작은 소나무가 귀 기울여 듣는데
옆에 잡초들은 꿈쩍도 하지 않았다
나는 휴대전화 문자 메시지 기다리고
누군가 만나고픈 마음을 가질 수 없다는
초조함, 상실감 때문에
그리움이 너와 나 사이에 있는 듯했다
키 작은 소나무는
휴대전화 문자 메시지를
애타게 기다리는 내 등을 토닥여주었다
나무는 인간의 스승이란 것을

그때 나는 깨달았다

장엄한 자연 속에서 긴장을 풀고

자연은 청결할 뿐만이 아니라

어떤 불평도 하지 않기 때문이다

키 작은 소나무에서 놀다가는 바람이

보일 듯 말 듯 은은한 낮달처럼 살라 한다

위대한 설렘의 삼각형

가방에서 웃음 농담 위트를 꺼낸다
인생이란 삼각형 속에 설렘 때문

친구가 또 다른 나라는 말은
먼저 좋은 사람이 되라는 말씀

애인이 또 다른 나라는 말은
먼저 좋은 애인이 되라는 말씀

세 변의 길이에서 설렘이 자라고
마음이 가라앉기까지 들뜨는 설렘

나는 너와 너의 그와 삼각형이므로
그래서 시간과 공간과 인간이로다

물 위에서는 발자국 안 남는다

한강은 변주곡의 남성적인 아버지의 정자
아름다운 어머니의 난자가 만나 태어났다

모성애 부성애가 희생이라면 태어난 것은
무엇으로 축복받아야 할 운명이란 말이다

나의 영혼이 물 위에다 모습을 찍어내려고
피부를 통해 튀어나오는 걸 느끼고 있었다

한강에서 발자국 남기려는 상상의 욕심은

아무런 만족도 주지 못하는 삶에서 벗어난
상상의 도피처를 제공하는 걸 몰라서일까

한강에서는 포용하되 흔적을 남기지 않는
육체의 가치를 재는 척도로 삼았던 것이다

꿈의 근육

잠들면 별을 타고 멀리 날아가는데
백만 광년 은하계로 날아가 놀다 보면
근심 걱정이 없어진다

생각의 고리에서 벗어날 수 있는데
꿈속에서 과거와 미래가 사라지면
득도를 한다

막다른 길에서 다른 세상이 펼쳐지는데
꿈의 숙성 추구하는 감동의 시간 되면
신선이 된다

신기하고 이상한 것을 보고 돌아왔는데
현상이 지금까지보다 더욱 선명해 보이면
학이 되어 하늘을 날아간다

감동이 넘치면 몸의 염증이 사라지는데

꿈의 근육이 우주의 연결고리라면

염라대왕도 무섭지 않다

모자가 걸어간다

머리에 비 맞아 죽을까 걱정해

나는 모자의 이미지로 찍힌다

판단을 집착하는 자세로 꽃들에

벌과 나비가 모자처럼 달라붙고

새들은 웃음을 참지 못하고

나무들은 쑤군거리며 가지 흔든다

모자를 하나 썼을 뿐인데

내가 지나가는 작은 관목숲 풍경이

예술과 인생은 사기라는 듯이

여기서는 비극의 대사 어울린다

저 모자의 주장이 어떤 의미일까

누구의 득실일까

나는 무궁무진의 이미지로 찍히고

모자는 슬픔에 찬 물먹은 스폰지로

슬픈 나머지

실신하여 비 맞는 여자처럼 걸어간다

각시붓꽃

내가 나를 사랑한 저녁은 행복의 방이 있고
일상이 바쁘거나 느려 잊힐 때를 기억한다
각시붓꽃 스치고 지나가는 바람에 흔들리는
자신을 사랑하는 나무들이 초록 공간 만들고

참새가 먹이를 쪼고 수달이 물고기를 노릴 때
각도 잡는 우주 전체가 하나의 미소로 변하고
각시붓꽃 하늘에 섬 같은 별들이 고개 내밀면
망자의 영혼이 손을 뻗어 따려고 까치발하고

산자의 영혼의 기도로 세상은 평온해지는데
당신은 잠시 떠난 여행지에서 돌아온 방랑자
하늘 정원을 무성하게 만드는 별을 사랑할 때
행복의 방은 진실의 거울로 너의 소망을 본다

염소뿔이 휘어진 이유

욕망이란 경계선을 넘으면 영역의 벽이 있었다
죽음이 낙착할 하얀 곳은 어디인가 하고 묻는다

영역의 벽은 불행이 싹트는 곳이기도 하지만
행복한 어긋남은 고통 너머에서 가져오기도 한다

태평양의 파도가 포말로 남해안으로 밀려오고
낮과 밤은 어둠과 밝음의 경계선의 영역표시고

염소 노는 야생의 풀밭에 꽃이 피기 시작하는데

하느님은
염소의 영역 줄었나 늘었나 풀밭 내려다보신다

시간의 동화작용으로 변한 나무들이 나를 반기고
꽃피는 염소 영역에 발자국 찍으니 벽이 열린다

그리고 꽃들이 만발하자

염소가 보름달을 보더니 들이받기 시작하는데

얼마나 많이 들이받는지 뿔이 활처럼 휘어진다

을왕리

그가 따뜻한 봄날 을왕리 해변가 걸어갈 때
하얀 백사장에 파도가 밀려와 쓰러져 죽는다

해변가의 연인들 사랑을 파악하기 쉽지 않아
사랑을 하지만 사랑을 알기란 더 쉽지 않아
사랑 떠나가도 사랑이 무엇인지 모를 것이고

사랑이 가려져 있을 때 매력적이고 가질 수
없을 때 백사장과 사랑학 개론으로 변장시킨
연인들의 해변가의 모래톱에서 갯메꽃 피고

그가 따뜻한 봄날 을왕리 해변가 걸어갈 때
하얀 백사장에서 죽은 파도가 살아 돌아간다

언어의 물리적 영역을 넘어선 시적 가변성 확보의 시학

김순진(문학평론가)

1. 들어가는 말

이 세상에 존재하는 모든 사물, 모든 공간, 모든 관념은 언어의 물리적 영역을 형성하고 있다. 돌을 물리적 영역으로 볼 때 "단단하다, 크다, 무겁다"라 할 수 있다. 그리고 우리는 그 크기만을 보고 '공깃돌만 하다, 주먹만 하다. 집채만 하다'라고 말한다. 그러나 그 돌은 공깃돌이든, 조약돌이든, 집채만 한 바위이든 자신의 영역에만 종속되지 않고 자신과 다른 영역으로 확장한다. 그 조약돌이 위치하는 강변과 하늘과 나무, 주변의 상황까지도 조약돌로부터 자유로울 수 없다. 그렇듯 공간 역시 자신의 영역을 형성한다. 5평, 200m² 같은 말이 그것이다. 그러나 '넓다'와 '좁다'라는 영역은 무엇보다 넓다, 무엇보다 좁다라는 상대적인 영역으로 확장된다. 시간이란 개념 역시 주변으로부터 자유롭지 못하다. 즉 자정이란 시간은 그 오늘의 자정뿐만 아니라 과거와 미래의 자정까지 모두 포함하며, 밤 12시는 23시간 59분 59초라는 시간을 여과하고 난 한순간일 뿐, 모든 시간적 제약으로부터 자유로울 수 없다. 그리고 밤 12시가 되기 위하여 드난했던 조수간만과 봄 여름 가을 겨울의 계절로부터도 자유로울 수 없다. 그러므로 '있다'와 '없다'의 관념은 매우 상대적인 말이다. 2025년 대한민국의 국민인 우리는 너무나 잘 살고 있지만 상대적 박탈감으로 인하여 빈곤을 느끼게 된다. 우리나라 사람들 중 아무리 가난한 사람이라 할지라도 엄청난 갑부에 속한다. 아프리카에 사는 원시부족 사람들에게는 당장 먹을 음식과 당장 마실 물을 걱정해야 하는 상황이다. 그런데 우리는 언제나 라면과 쌀밥을 먹으면서 정수기를 실내에 들여놓고 물을 따라 마신다. 이 얼마나 갑부적인 행동인가. 반지하의 사글셋방에 사는 사람일지라도 그 집에 들어가면 적어도 식구들 수만큼 스마트폰을 가지고 있고, 엄청난 신발과 가방, 시계와 팔찌 등의 액세서리를 소유한 사람으로 아프리카 사람들에 비하여 엄청난 부자임을 확인할 수 있다.

우리는 왜 상대적인 박탈감을 안고 살아야 하는가? 그것은 자기 자신에게 만족하지 못하는 삶을 살고 있기 때문이다. 내가 하고 있는 일, 내가 소유한 사물, 내가 살고 있는 집, 내가 속한 가족, 나와 맺혀 있는 인연에 대하여 감사함을 모르는 한 우리는 행복하기 어렵다. 그런데 김어진 시인은 그러한 상황에서 모두 그럴 수 있음을 인정한다. 이별이 올 수 있음을 인정하고, 돈이 부족할 수 있음을 인정하고, 너무 날이 뜨거워지거나 추워질 수 있음을 인정한다. 그리하여 자신이 서 있는 위치로부터의 모든 사물, 모든 공간, 모든 관념에 가변성을 염두에 두고 의미를 확장해나간다.

그럼 이쯤에서 김어진 시인의 시 몇 수를 읽어보면서 언어의 물리적 영역이 얼마만 하며 그 언어가 시로 쓰여졌을 때 얼마만큼의 가변성을 확보하게 되는지 살펴보기로 하자.

2. 사물의 물리적 영역과 시적 가변성

내 취향이 때로는 호기심의 답변이 아닐까 두려웠는데
모임 좋아하고 시간의 흐름을 기념하고 술 한잔하고
어떤 무리에 속한 느낌은 안정감 주는 어머니 품처럼

한때 나는 인생의 속도를 늦추면 눈에 보이는 불편한
진실이 싫어서 바쁘게 벽에 기대는 즐거움으로 살았고
종교를 믿는다는 것은 공통의 문화가 생기는 것처럼

내 방황은 부정적인 생각들의 파티에서 비롯된 발걸음
나는 내 침으로 당신을 분해시키고 싶을 때가 있는데
결핍은 굶주림과 욕망을 유발하는 벽을 종교인 것처럼
　　―「담쟁이는 벽을 종교인 것처럼」 전문

담쟁이넝쿨은 담장에 붙어사는 식물이지만, 김어진 시인은 담쟁이넝쿨을 담장에 매어두지 않는다. 그리고 식물이다 동물이다 구분짓지 않고 바로 활유해 담쟁이를 사유하는 존재로 해석한다. 담쟁이넝쿨은 담장이 있어야만 살아갈 수 있는 식물이 아니다. 담쟁이넝쿨은 허공으로 손을 뻗어도 되고, 나무에 올라도 되며, 땅바닥을 기어도 된다. 담쟁이넝쿨이 담장을 오르는 이유 또한, 산이 거기에 있어 오른다는 말로 묶어두기에는 너무나 큰 가변성을 내포한다. 성철 스님이 "산은 산이요 물은 물이로다."라는 말을 했을 때, 그 말을 단순히 산과 물만을 이야기한다고 보는 사람은 없었다. 그 말은 "산은 산다워야 하고, 물은 물다워야 한다"는 확장성을 가지고 있는 말이다. 산이라는 말은 바위와 나무, 식물, 그 산에 서식하는 동물과 곤충까지 포함하는 말이며, 물이라는 말은 '고인다, 흐른다, 파도친다' 등의 현상으로부터 '생명, 갈증, 죽음, 기생, 양분' 등 순환에 이르기까지 모두를 포함하는 말이다. 말하자면 담장이 있어 그곳에 오른다는 말은 A+B=C의 공식을 벗어날 수 없다. 1+2=3의 사고로는 시의 다양한 해석을 낳을 수 없다. 그래서 김어진의 시는 A∩B(A와 B의 교집합), A∪B(A와 B의 합집합), A∈B(B는 A를 포함한다), A∋B(A는 B를 포함한다), A⊂B(A는 B에 속한다), A⊃B(B는 A에 속한다), A≦B(A는 B보다 작거나 같다), A≧B(A는 B보다 크거나 같다) 등의 시야를 다변화하여 보다 많은 것과 보다 넓은 것들에게 다가가는 확장성 제고에 시의 초점을 맞춰 써나가고 있다. 그것이 제목에서 말한 "담쟁이는 벽을 종교인 것처럼" 오른다는 말이다. 담쟁이는 벽이 원수인 것처럼 싸울 수 있고, 담쟁이는 벽이 밥인 것처럼 먹을 수 있으며, 담쟁이는 벽이 강물인 것처럼 흐를 수도 있다. 그런데 그는 그 많은 사유 중에 담쟁이에게 종교라는 숭고하고도 겸허한 사유를 택해 시를 끌어가고 있다. 시적 화자인 '담쟁이'는 곧 '모임을 좋아하고 술을 좋아하'는 나로 치환된다. 담쟁이처럼 어떤 것을 의지해야만 하는 나는 "어떤 무리에 속한 안정감 주는 어머니 품"처럼 되고 싶은 소망이 있다. 이 시에서 담쟁이는 담장을 붙들고 애걸복걸하는 '나'가 아니라 '사랑의 결핍'을 느끼고 '종교인 것처럼' 낮은 자세로, 감사하는 마음으로 다가가고 있는 '나'인 것이다.

생삼결살이 오늘따라 더 붉어져 있고
불판이 어디 있는지 찾아보고 싶구나
돼지 앞다리살이 어제보다는 이뻐 보이고
큰 냄비가 찬장 위에서 반짝이는구나

한우 육사시미는 달걀노른자를 감싸고
접시에 담아낸 미학에 우쭐하는구나

한우 갈빗살은 나뭇잎처럼 매달려있고
석쇠에 참숯은 당신 먹기 좋게 굽누나

오늘 내가 먹고 싶은 것이 하도 많아
전립선보다 단단한 토마토가 웃는구나
겁도 많고 욕심도 많아 고기 먹기 위해
이 불투명한 시간의 흐름에 맡기는구나
―「고기는 저항도 질문도 없고」 전문

삼겹살을 구우면서 "고기의 저항과 질문"에 관해 사색하는 사람은 김어진 시인밖에 없을 것 같다. 나는 김어진 시인의 그러한 낯선 물음이 장차 김어진 시인을 큰 시인으로 키워내리라는 예감이 든다. 일반적으로 모든 동물은 죽음에 저항한다. 닭장에서 잡힐 때 '꼬꼬댁, 꼬꼬꼬꼬' 잡히지 않으려고 혼신을 다해 도망을 치며, 돼지우리에서 잡혀 나올 때 '꽤에에엑…' 비명을 지른다. 사람의 힘과 기계의 힘이 아무리 완강하게 목숨을 누른다고 하더라도 동물은 죽을 때 소리를 지르면서 저항한다. 근육으로 푸른 힘줄을 뻗으며 파르르 떤다. 그래서 김기택 시인은 그의 시 「닭」에서 방금 주인이 죽인 닭을 보고 "아직도 삶을 움켜쥐고 있는 닭발 안에서/ 뻣뻣하게 굳어져 있는 공기 한 줌/ 떨어져나가는 목숨을 붙잡으려 근육으로 모였던 힘은/ 여전히 힘줄을 잡아당

121

긴 채 정지해 있다"라고 묘사했다. 즉 "떨어져나가는 목숨을 붙잡으려 근육으로 모였던 힘"은 완강한 저항의 시적 표현이다. 인도 독립의 아버지 마하트마 간디가 식민지배자 영국의 폭정에 대항한 방법은 비폭력 무저항운동이었다. 저항하지 않는 것이 저항을 포기하는 것은 아니다. 폭력이 없으니 저항하지 않는 것처럼 보이지만 인도의 전 국민이 영국의 식민정치의 법에 불복종하며 비폭력 무저항으로 국민들을 결속해 불복종 운동을 결의했다. 일명 '비폭력 무저항운동'이다. 이는 영국인의 공장, 입법기관, 법원, 관공서, 학교, 가게 등 영국인이 운영하거나 원조하는 모든 기관에 대해서 거부하는 것으로 영국인들은 아무것도 팔거나 살 수 없었고, 공장이나 학교를 운영할 수 없었으며, 결국 두 손을 들어 인도의 독립을 인정할 수밖에 없었다. 적당히 냉장된 고기가 칼에 쓸려나갈 때, 빨간 육회가 계란에 비벼질 때, 한우 갈빗살이 낙엽처럼 매달릴 때 고기는 저항 없이 보이지만, 사실은 최후의 죽음을 맞이하면서도 무저항으로 저항하고 있는 중이다. 그래서 석쇠 위에서 지글지글 기름을 내뿜으며, 제 살갗을 태우며 저항하는 것이다. 질문이라는 말은 말의 상대가 내 말에 귀를 기울여줄 때만 할 수 있는 대화방식이다. 총칼 앞에서 질문이란 소용이 없다. 칼을 들고 고기를 썰어 먹는 인간들 앞에서 고기들이 할 수 있는 질문이란 없다. "내 고기 먹어보니 맛있냐?"라 질문할 수도 "쫄깃쫄깃하고 육즙이 달콤하지?"라고 질문할 수도 없는 노릇 아닌가? 따라서 김어진 시인의 "고기는 저항도 질문도 없"다는 표현은 철저히 계산된 반어법적 표현이며, 인간 때문에 죽어가는 동물에 대한 미안함의 채식주의자적 표현이다.

3. 공간의 물리적 영역과 시적 가변성

하늘의 사랑으로 볼거리 많은 봄에
가방에 웃음과 유모를 가득 채우고
여행 가기 전에 감정을 분리배출하고
꼬깃꼬깃 접힌 영혼의 날개를 편다

매화꽃에 앉은 하얀 나비가 나라면
너는 꽃이므로 나는 너의 뿌리이며
따뜻한 날씨에 온기는 봄으로 봄은
여름으로 이어져 은총의 가치 더한다

피아노 선율이 귀를 감미롭게 울리듯
새들 소리가 웃음과 유모처럼 들리고
시간의 가위가 시간 자를 때 나무가
아기처럼 태양의 양분을 빠는 것이다
　　　　　　　　　　　―「시간의 가위」 전문

시간이란 개념 역시 다양성을 기초로 확장된다. 시간이란 결국 언제부터 언제까지라는 공간적 개념을 내포한다. 가까운 사람에게 "시간 있어?"라고 물어볼 때 그것은 단순히 상대방에게 '커피 마실 시간 1시간, 밥 먹을 시간 2시간, 데이트를 할 수 있는 1일이란 시간이 있느냐?'고 물어보는 말이 아니다. 그 말은 "우리 사귈래?"라는 말이나 "보고 싶어."라는 사랑의 감정을 내포하고 있는 말이다. "시간 있어?"라고 물을 때 아무한테나 물어볼 수는 없다. 적어도 그 말은 아는 사람에게 하는 말로써 가까운 공간이나 지역에 함께 있는 정서가 비슷한 사람에게만 물어볼 수 있는 말이다. 고로 김어진 시인이 말한 '시간의 가위'는 적어도 아는 사람, 인연이 조금 쌓인 사람, 친밀한 감정이 드는 사람에게만 적용될 수 있는 가위다. 가위란 무엇을 재단할 때 쓰는 도구다. 따라서 '시간의 가위'라는 말은 상대방과의 만남 시간을 확장하는 수단이라 할 수 있다. 이성의 감정 없이 만날 수 있는 시간을 재단할 수 있는 가위는 입사 시험, 회사의 회식, 동창회 모임, 문중의 모임 등에만 적용된다. 그 시간은 다분히 공동적이며 제한된 시간으로만 재단된다. 이 세상 모든 생명은 유한한 시간을 가지고 산다. 김어진 시인처럼 우리 인생의 시간을 가위로 재단해 보자. 인간이 80년을 산다고 볼 때 1일이 24시간이니까 365를 곱한 다음 80을 곱하니, 인간은 평균 700,800시간을 산다. 그중에 잠자고 휴식을 취하는 시간이 반 1/3이라 칠 때 233,600시간이니 467,200시간이 남는다. 하루 3번 1시간씩 밥을 먹는다고 생각할 때 87,600시간을 빼면 379,600시간이 된다. 그중에 공부하거나 노동해온 시간 8시간으로 쳐 233,600시간을 빼면 146,000시간이 남는다. 이 146,000시간을 365로 나누고 다시 80살로 나누면 남는 시간이 하루에 5시간이 남는다. 생업과 수면, 휴식, 식사 말고 나에게 주어진 특별한 시간은 하루에 5시간뿐이다. 이 시간은 무엇을 할 수 있는 시간인가? 그 시간은 나를 계발하는 시간이다. 독서하며, 기타 치며, 그림 그리고, 서예하고, 글을 쓰고, 헬스와 산행을 할 수 있는 시간이다. 동료들과 술을 마시고 재충전을 하는 시간이다. 하루 다섯 시간을 잘 쓴 사람은 성공한 사람이 되고 아무 생각 없이 허비한 사람은 필부가 된다. 그러나 필부와 성공은 인생의 목표가 아니다. 사람은 사랑하는 감정이 많아야 한다. 나를 사랑하고 가족을 사랑하며 꽃을 사랑하고 강을 사랑하고 돌을 사랑하며 시를 사랑할 때 그 사람은 맑은 눈을 가질 수 있다. 인생은 그 사람, 그 사물에 대하여 얼마나 사랑하는 감정을 오래 지속적으로 이어오느냐가 행복의 관건이다. 김어진 시인의 말처럼 "시간의 가위가 시간 자를 때" 낮은 밤이 되며, 물은 공기가 되고, 공기는 비가 되며, 꽃은 열

매가 되고, 나뭇잎은 낙엽이 되며, 봄은 여름이 되고, 아이
는 어른이 되는 것이다.

물만 뿌려주면 세상을 열렬히 지지하는 꽃이었다
시들어가던 꽃이 금방 고개를 빳빳하게 쳐들었다
꽃 속의 꿀은 항상 제 나이에 맞는 창법이었다
헤어진 이유를 오래 얼린 냉동실 속에서 꺼낸다

자존심이 기우뚱거리면 동박새는 동백꽃에 간다
동백꿀 빨다가 매화꽃 피면 매화꿀 먹으러 간다
허언증이 혀를 말면 꽃의 얼굴도 모르는 척한다
세상이 내민 허망한 꿀단지가 나를 끌고 다녔다

사랑은 언제든 절벽으로 달리고 이별은 즐겁다
내 노래 들으며 눈물 발라먹는 자운영은 예뻤다
현혹하는 화살에 찔린 것은 아무도 알 수 없다
별똥별은 적당한 순간마다 북서쪽으로 떨어진다
—「냉동실 속의 애인」 전문

언젠가 '코끼리를 냉장고에 넣는 방법'이라는 얼토당토않
은 퀴즈 앞에서 난감해한 적이 있다. 질문자가 "코끼리를 냉
장고에 세 번만에 넣을 때 어떻게 넣게?"라고 질문했을 때
사람들은 대부분 "에이, 그 큰 코끼리를 어떻게 냉장고에 넣

어?"라고 반문한다. 그런데 그것은 질문자의 요구에 대한 답이 아니다. 그 질문은 냉장고의 크기나 코끼리의 크기에 대한 질문이 아니라, 벼룩이든 코끼리든 냉장고에 세 번만에 넣기만 하면 되는 것인데, 그 방법은 "1. 냉장고 문을 연다. 2. 코끼리를 넣는다. 3. 냉장고 문을 닫는다."이다. 주부가 김치를 먹는 방법도 같다. "요리 싫어하는 주부가 김치를 세 번만에 어떻게 먹게?"라고 물을 때 "1. 맛이 없든 있든 대강 버무려서 먹는다. 2. 남편이 김치를 담근다. 3. 김치를 시장에서 사온다."가 아니라 친정엄마에게 "1. '엄마, 나 김치 떨어졌어.' 전화한다. 2. 택배를 뜯어 김치냉장고에 넣는다. 3. 조금씩 꺼내먹는다."이다. '냉장고'를 생각하면 보통 가정용 냉장고를 생각할 수가 있는데, 이것이 질문에 대해 드러난 답변자의 취약성이다. 냉장고에도 코끼리를 수천 마리 넣을 수 있다. 고속도로를 타고 내려가다 보면 이천 냉장이라는 냉장회사가 보인다. 그 건물은 축구장 여러 개 넓이의 부지 위에 세워진 엄청나게 큰 냉장고다. 거기에 왜 코끼리를 넣지 못하겠는가? 우리는 소년시절 〈은하철도 999〉 만화영화를 시청한 적이 있다. 은하세계에 철도를 놓는다는 발상은 아직 현실로는 이루지 못했지만, 작가는 가상세계 속에서 엄청난 수익을 창출하지 않았는가? 이 시에서 언뜻 제목만 생각하면 물론 애인이 냉동실 속에 있을 수 있다. 사

127

람이 병사나 교통사고로 죽으면 병원에서는 장례식이 치러지기 전까지 죽은 사람을 모두 냉장고에 넣는다. 그러니 「냉동실 속의 애인」이란 말을 꼭 사람이라 이해할 필요는 없다. 어떤 공간에 어떤 것만 들어가야 한다는 생각은 시가 취할 수 있는 운신의 폭을 제한한다. 김어진 시인이 말하는 「냉동실 속의 애인」은 날마다 보고 싶고 자주 만나고 싶은 사람으로 여기서는 '꿀'을 말하는 것인데 '냉동실'이란 공간 영역에 들어갈 수 있는 것이 식품이지만, '애인'으로 대변되는 새로운 영역으로의 확장이 시가 주는 묘미다. 말하자면 김어진 시인은 '애인'이라는 보조관념을 통해서 '꿀'이라는 원관념을 형상화하고 있는 것이다.

4. 관념의 물리적 영역과 시적 가변성

태초에 신께서
불투명과 투명이란 이란성 쌍둥이를 낳으셨나니
나는 불투명한 시간을 걷는다
투명한 것보다 예측할 수 없는 걸 좋아한다
발밑으로 개미들이 지나가는데
한 마리도 밟아 죽이지 않고 걸어간다
개미들도 불투명한 시간 때문에
먹이를 구하고 전쟁을 하고 집을 짓는다

머리 위에 소나무 가지에서 새가 지저귀는데

저 새도 불투명한 시간을 꿰는 중이다

바람이 불투명한 시간을 걷는다

불투명이 투명을 삼키고 더 큰 불투명을 키운다

풀이 눕는 자리마다 불투명한 자리가 확보될 때

낮은 식물들이 가슴을 내민다

개미가 갑자기 시야가 확보된 풍경을 본다

지나가던 나비가 얼키설키 불투명한 그물에 걸린다

불투명한 시간을 먹는다

외출 나갔던 투명한 시간이

내 몸속의 자궁 같은 생각의 주머니로 돌아온다

산내들에 야생화들이 무궁무진하게 피었다

불투명으로부터 투명을 지나

꽃이 핀다는 건 이기적인 일

　　—「불투명과 투명」 전문

　투명하다는 말은 결국 불투명을 내포하며, 얼마만큼 투명한 것인가에 대한 질문을 내포한다. 투명하다는 말은 유리나 비닐을 말할 때만 쓰는 용어는 아니다. '공무원이 투명한가, 투명하지 못한가?'는 도덕성의 문제로 발전하고, '미래가 투명한가 불투명한가?'는 그 사람이나 집단의 희망에 대한 문제로 발전한다. 이 시에서 김어진 시인은 "불투명의 시간을 걷는다."고 말한다. 불투명의 시간은 미래가 보장되지 않은 시간이다. 이를테면 시인의 시간 같은 것이다. 시인은 밤새 머리를 싸매고 시시때때로 시를 쓰는 정신노동을 하지만, 원고료를 받기란 하늘에 별따기다. 시집이 팔리지 않을 것을 알면서 시인들은 시쓰기에 골몰한다. 어쩌다 1년에 한두 번쯤 들어오는 10만 원 전후의 원고료를 이웃에게 자랑한다. 시집을 잘 파는 사람은 본격문학의 완성도 높은 시를 쓰는 사람이 아니라, 시의 완성도와는 전혀 상관없이 친구가 많고 동창회에 잘 나가며, 이성들에게 인기가 좋은 사람, 즉 사교력이 좋은 사람이다. 시인들은 전업작가를 꿈꾸지만, 그럴 수가 없다. 대부분의 시인들이 직장을 가지고 소질과 관계없는 일을 하는 것도 불투명한 미래 때문이다. 시쳇말로 입에 풀칠을 해야 하는데 시만 써서는 그럴 수가 없으니, 불투명한 주머니에 대한 불안 요소를 해소하기 위해, 알바를 하거나 공장이나 가게에 나가 일을 하고, 보험이나 서비스업에 종사하게 된다. 그런 불투명한 주머니의 불안 요소를 해결하다 보면 진정한 시인으로서의 불투명한 미래와 맞닥뜨리게 된다. 그동안 나는 사람만 불투명하게 사는 줄 알았다. 그런데 김어진 시인의 시를 읽고 보니 세상 모든 것이 불투명하게 살고 있는 것 같다. "불투명한 시간을 걷는" 나를 비롯하여 "불투명한 시간 때문에/ 먹이를 구하고 전쟁을 하고 집을 짓는" 개미, "불투명한 시간을 꿰는" 새, "불투명한 시간을 걷는" 바람, "투명을 삼키고 더 큰 불투명을 키운" 불투명, "눕는 자리마다 불투명한 자리가 확보될 때/ (중략) 가슴을 내미는" 식물, "얼키설키 불투명한 그물에 걸린" 나비, "내 몸속의 자궁 같은 생각의 주머니로 돌아온" 투명한 시간, "불투명으로부터 투명을 지나"온 야생화들이 그것이다. 그러니까 이 세상의 모든 만물은 미래에 대해 보장받지 못한다. 사람들은 보험을 만들어 미래를 보장받으려 하지만, 실은 그것은 위안일 뿐, 진정한 미래의 보상방법이 될 수 없다. 인간은 늙고 죽기 때문이다. 이 불투명한 미래를 누가 보장할 것인가? 그래서 그 대안으로 천국이니 극락이니 하면서 종교가 성행하게 된 것이다. 투명과 불투명은 유리와 간유리처럼 보이느냐 안 보이느냐에 대한 문제가 아니다. 조금 빈정이 상하지만 금전적을 해결할 수 있는 방법이 있느냐 없느냐에 관한 문제다. 주머니가 불투명할수록 나는 시에 매진했고, 지금은 어느 정도 주머니의 투명성 확보에 성공했지만, 여전히 시는 쉽게 미래를 보장해 주지 않는다. 그러나 좋은 시를 쓰고 싶은 김어진 시인의 투명한 꿈에 대해서는 어느 정도 보장의 확신이 든다.

서랍 구석에서 고독 씹고 있는
구리반지를 오랜만에 꺼냈는데

독 품은 푸른 녹이 만찬 중이다
내 안의 녹은 얼마나 껴있을까
녹은 저녁에 느리게 도착한 감정
증식을 포기하고 생존 추구한다
녹 빛을 띤 나뭇가지들 사이로
너무나 고요히 멈춰 서 있는 듯
보이는 하늘이 저 멀리 반짝인다
하늘은 구체적이고 견고하다.
새 한 마리가 허공을 채우듯
도화선이 양쪽 관자놀이 지지듯
녹이 피부에 버짐 먹듯 퍼지면서
육신을 기진맥진하게 만든다
갑작스럽게 떠오른 녹 감정은
한갓 꿈에 지나지 않다는 듯
진실하지 못한 우정과 사랑은
후추를 안친 저녁 밥상 반찬처럼
아무 맛없이 밍밍하다는 걸 알았다

—「녹綠」전문

　사람들은 녹색을 좋아한다. 초여름의 녹음 짙은 싱그러운
숲으로 들어가면서 우리는 '힐링'이란 말로 위안을 받는다.
새소리, 물소리 들리는 산사로 난 숲길을 걸어 올라갈 때면
우리는 온갖 번뇌를 잊고 자연과 동화된다. 녹색은 상대적

으로 안정감을 주는 색깔이다. 병원 전문의들이 수술할 때 입는 옷은 녹색이다. 극도로 예민해진 환자에 대해 안정감을 주기 위한 배려일 것이다. 녹색은 자연과 생산의 색이다. 녹색은 황폐함에 대한 반대 개념이다. 아무리 놀고 있는 땅이라 할지라도 바랭이나 개망초, 명아주 등의 잡풀 무성하면 우리는 그 땅을 경작지로 착각한다. 그만큼 녹색은 인간에게 최선의 색이라 할 수 있다. 그런데 이 시에서 말하는 '녹綠'은 부정적 의미로 사용되는 용어다. 기온이 상승하여 바닷물에 녹조가 들면 양식 중이던 어패류들이 폐사해서 둥둥 떠다니는 것을 TV 뉴스를 통해 본 적이 있다. 금강이나 영산강 앞에서 녹조가 들었다는 뉴스를 전하는 기자도 보았고, 호수에 녹조가 너무 많이 껴서 웃자란 이끼 때문에 생태계가 파괴된다는 말도 들었다. 청소년 시절 겨울 산에 올라 나무에 기생하는 겨우살이를 보고 신기해한 적이 있다. 겨우살이를 대하는 그 시절 사람들의 생각은 "겨우살이는 기생식물로 나무의 성장을 저해시킨다"였다. 그런데 웰빙이니 힐링이니 하며 건강을 우선시하는 세상이 되다 보니 전국의 겨우살이가 남아나지 않는 시절이 되었다. 녹綠이 긍정적 의미에서 부정적 의미로 변환된 말이라면, 겨우살이의 녹綠은 부정적 의미에서 긍정적 의미로 변환된 말이다. 왜 '녹색'은 좋은 의미의 말이고, '녹綠' 부정적 의미의 말이 되었

133

을까? 그것은 인간중심사상이 만들어낸 비뚤어진 사고에서 오는 말이다. 인간이 바다를 이용해 돈을 벌려고 하니까 녹조 낀 바다를 걱정해야 하고, 인간이 놋그릇이나 구리반지, 동경銅鏡을 사용해야 하니까 녹이 끼는 것을 꺼려하게 되는 것이다. 녹綠이 쓸든 녹조가 생기든 그냥 그것을 인정하며 살면 된다. 그런데 그렇게 되면 투자한 자산가치가 떨어지기 때문에 녹綠을 경계하게 되는 것이다. 사물에 녹綠이 발생하느냐 발생하지 않느냐는 사용하느냐 사용하지 않느냐의 차이에서 오는 현상이다. 식탁에서 자주 쓰는 놋그릇, 놋수저는 날마다 사용하기 때문에 녹이 쓸 겨를이 없다. 그런데 광이나 골방에 두었던 제기祭器는 고작 1년에 한두 번 사용하기 때문에 퍼렇게 녹이 쓴 것을 사포나 연탄재로 닦은 적이 있다. 김어진 시인이 말하는 "서랍 구석에서 고독 씹고 있는/ 구리반지를 오랜만에 꺼냈는데/ 독 품은 푸른 녹이 만찬 중이"었던 이유는 "오랜만"이란 시간의 관념이 만들어 낸 녹綠이다. 그는 "내 안의 녹은 얼마나 껴있을까"하고 관심을 자신의 성찰로 돌린다. 결국 이 시에서 녹綠이란 자주 되돌아보지 못한 자에게 좀 더 챙기고 방문하라는 성찰의 언어다. 기후 때문에 녹조가 드는 바다와 강물이야 인간이 해결할 수 없는 것이겠지만, 구리반지에 낀 녹綠은 사용한다면 얼마든지 막을 수 있는 현상이 아닌가? 결국 김어진 시인은 우리에게 녹綠은 자주 돌아볼 것인가? 아니면 내버려두고 인정하며 살 것인가에 대한 두 가지 질문을 안겨준다.

5. 맺는말

이상에서처럼 김어진 시인의 시 몇 수를 읽으며 "사물의 물리적 영역과 시적 가변성, 공간의 물리적 영역과 시적 가변성, 공간의 물리적 영역과 시적 가변성" 등 그의 언어의 물리적 영역과 시적 가변성에 대하여 살펴보았다. 시는 세상 어느 것과 결합해도 타당성을 확보하면 독자에게 인정받는다. 이를 언어의 폭력적 결합이라 한다. 시는 "두부와 자전거, 민들레와 연필, 어머니와 기차표, 강아지와 바다, 꽃게와 비행기" 등 그 무엇을 만나도 해석이 가능하며 독자를 이해시킬 시적 가변성을 지니고 있다. 그런데 김어진의 시는 모두 물리적 영역, 즉 그 시어가 가지는 유한적 의미를 넘어서, 필연성과 절연을 꾀하며, 낯섦과 교우하고, 새로운 길을 떠나는 노마드적 여정 속에 서 있었다. 그는 단어가 주는 의미에 중점을 둔 물리적 측면보다 외적 측면의 가변성을 확보하는 시를 쓰고 있었다. 그래서 나는 그의 시를 일컬어 '언어의 물리적 영역을 넘어선 시적 가변성 확보의 시학'이라 평한다.

현대시학서정시선 03

담쟁이는 벽을 종교인 것처럼

초판 1쇄 발행   2025년 9월 15일

지은이   김어진
발행인   전기화
책임편집   이주희

발행처   현대시학사
등록일   1969년 1월 21일
등록번호   종로 라 00079호
주소   서울시 서대문구 충정로 11길 26 현대빌딩 101호
전화   02. 701. 2341
블로그   http://blog. daum. net/hdsh69
이메일   hdsh69@daum. net
배포처   (주)명문사 02. 319. 8663

ISBN   979-11-93615-41-6   03810

○ 책값은 뒤표지에 있습니다.
○ 이 책의 판권은 지은이와 현대시학사에 있습니다.
  이 책 내용의 전부 또는 일부를 재사용하려면 반드시 양측의 서면 동의를 받아야 합니다.
○ 잘못 만들어진 책은 구입하신 서점에서 교환해 드립니다.